ÉLOGE FUNÈBRE

DE

HENRY-LOUIS LEFEBVRE

Ancien Maire d'Essigny-le-Grand

Par l'abbé H. J. PLY

Curé d'Essigny-le-Grand

JUILLET 1878

SAINT-QUENTIN

Imprimerie du Conservateur de l'Aisne

rue Saint-Jacques, 5, (contre la Halle aux Grains).

ÉLOGE FUNÈBRE

DE

HENRY-LOUIS LEFEBVRE

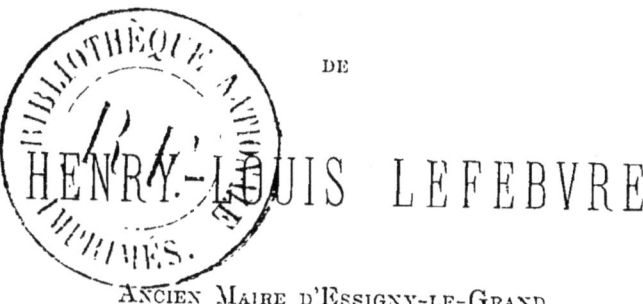

Ancien Maire d'Essigny-le-Grand

Par l'abbé H. J. PLY

Curé d'Essigny-le-Grand

....

JUILLET 1878

....

SAINT-QUENTIN

Imprimerie du Conservateur de l'Aisne

rue Saint-Jacques, 5, (contre la Halle aux Grains).

ELOGE FUNÈBRE

DE

HENRY-LOUIS LEFEBVRE

Rogamus autem vos, fratres, ut noveritis eos qui laborant, inter vos et præsunt vobis.

Nous vous prions, mes frères, de connaître et d'apprécier ceux qui sont à la peine parmi vous et qui sont à votre tête.

(Saint Paul I. Ep. ad Thessal. c. v. v. 12.)

« L'Eglise catholique », a dit un illustre protestant (1), « est la plus grande école de respect qui soit sur la terre », mais c'est encore la plus grande école de justice et par là même de reconnaissance. Comme l'apôtre saint Paul, ce romain à l'âme si fière et au cœur si tendre, elle défend, quand il le faut, avec une indomptable énergie, ses droits parfois méconnus ; mais elle sait aussi rendre *honneur à qui est digne d'honneur*, et elle veut *que nous appréciions tous le mérite de ceux qui se trouvent à la peine parmi nous*, dans l'exercice de l'autorité que Dieu leur a

---

(1) Guizot.

départie. Je n'étonnerai donc personne, en élevant aujourd'hui la voix, pour payer notre commune dette à celui dont la mort prématurée a causé parmi nous une profonde émotion et nous inspire à tous de légitimes regrets. Puissent mes paroles n'être point trop au-dessous de l'estime que vous lui aviez vouée et de la reconnaissance dont vos cœurs sont animés !

Henry LEFEBVRE avait reçu de Dieu un esprit curieux de tout savoir et capable de tout apprendre, ardent à la recherche de la vérité et docile pour la suivre quand il l'avait découverte. Il aurait pu, au sortir des études brillantes qu'il fit à l'ancien collége de St-Quentin et que couronna le diplôme de bachelier, embrasser une carrière libérale où le succès lui était assuré, mais il pensa que l'intelligence et la science n'étaient point de trop pour la direction d'une ferme importante et que ces deux choses pouvaient servir et honorer l'agriculture. Il revint donc au Faÿ et se fit cultivateur, heureux de perpétuer dans ce domaine les traditions de ses ancêtres et de faire estimer encore, dans l'exercice de cette profession à la fois noble et modeste, un nom que vos pères vénéraient depuis des siècles.

Mais Dieu permet rarement que la lumière reste sous le boisseau et il nous défend d'enfouir les talents qu'il nous a donnés pour le service de la société à laquelle nous appartenons. Aussi quand les années eurent opéré dans HENRY LEFEBVRE l'union nécessaire de l'expérience à la science, le vœu de ses concitoyens et le choix de l'autorité l'appelèrent d'un commun accord aux fonctions délicates de maire, qui depuis longtemps semblaient un apanage de sa famille. Dans l'exercice de cette humble et paternelle magistrature, il déploya jusqu'au dernier moment un zèle et une activité qui n'avaient d'égal que son désir d'être utile à tout et à tous. Aucun des nombreux devoirs que cette charge impose ne fut négligé. Administration municipale, fabrique, bureau de bienfaisance, écoles, médecine gratuite, tout avait part à son intelligente sollicitude. Toujours arrivé le premier aux assemblées qu'il présidait ou dont il était membre, il s'intéressait à toutes les questions mises en délibération et prenait part à toutes les discussions qu'elles soulevaient, non par esprit d'opposition, mais pour s'éclairer lui-même ou pour éclairer ses collègues, supportant la contradiction sans peine, et se rangeant volontiers à l'avis des autres, quand on l'avait convaincu d'erreur. Il était d'ailleurs naturellement conciliant, oserai-je bien le dire sans offenser sa mémoire ? peut-être le fut-il même à l'excès. Enfant de son siècle, il fut victime de ses préjugés, en regardant la tolérance sans bornes comme une vertu et en croyant à l'égalité des droits pour la vérité et pour l'erreur. Mais qui peut se flatter, M. F., d'échapper toujours aux influences de l'atmosphère où il respire ? S'il n'avait point vécu à une époque où le nombre finit toujours par être le maître, comme s'il était l'autorité supérieure à toute autorité, HENRY LEFEBVRE n'aurait point fléchi, et son âme n'aurait pas éprouvé certaines défaillances qu'il était ensuite le premier à reconnaître et qu'il cherchait immédiatement à faire oublier par des démarches et des procédés où éclataient la droiture de son jugement et la bonté de son cœur.

Car HENRY LEFEBVRE était bon. Qui de vous, M. F., n'en fit mainte fois la douce expérience ? Sans doute sa vivacité naturelle excitée par l'embarras de préoccupations nombreuses apparaissait parfois devant l'indiscrétion de certains solliciteurs survenus en un moment fâcheux; mais la première émotion passée, la générosité et le dévouement reprenaient sur lui tout leur empire. Avances de fonds, aumônes, démarches, correspondances, voyages, il n'épargnait rien, ni sa bourse, ni son repos, ni sa santé, dès qu'il voyait un avantage à procurer, un service à rendre, un besoin à satisfaire. Il ne pensait pas qu'un homme public fût en dignité pour lui-même mais pour ses semblables. Jamais il n'employa l'influence légitime dont il jouissait pour son profit personnel ; mais il voulait que tout le bénéfice en appartînt à ses administrés. Encore moins se serait-il servi de son autorité pour réparer un tort ou venger une offense dont il aurait eu à souffrir, estimant, à l'exemple d'un de nos rois très-chrétiens, que le magistrat ne devait point se souvenir des injures adressées à l'homme : « Ce serait, disait-il, une lâcheté. » Néanmoins il avait le ressentiment vif, mais il ne durait pas longtemps; et s'il avait donné quelque sujet de plainte à quelqu'un, il souffrait jusqu'à ce qu'il ait pu le satisfaire, comme d'ailleurs si l'on s'était plaint de lui sans raison, il lui tardait de s'être justifié.

Oserai-je, M. F., pénétrer et vous faire

pénétrer avec moi dans ce sanctuaire que l'on appelle le foyer domestique ? Ah! c'est là que HENRY LEFEBVRE est digne de vous être présenté comme un modèle à tous.

Il gémissait souvent sur la disparition de l'esprit de famille dans la société contemporaine. Plus d'une fois j'eus l'honneur d'être le confident de ses tristesses à la vue de tant de maisons dont les membres désunis semblent les branches coupées d'un grand arbre abattu. Ces existences égoïstes de l'époux et de l'épouse, des parents et des enfants, vivant chacun pour soi, sans lien d'amour, sans communauté d'idées, étaient à ses yeux des anomalies et des monstruosités. C'est qu'il avait, lui, le culte de la famille.

Rappellerai-je son respect et ses soins empressés pour ces oncles vénérables, dont Dieu avait confié la vieillesse à la garde de son dévouement? Vous dirai-je le bonheur qu'il goûtait en la compagnie de cette vertueuse épouse (1) dont la mémoire bénie vous apparaît encore sous la forme de l'ange de la charité, de cette femme d'élite qui lui causa le premier

---

(1) Mme Héloïse Colombier.

chagrin le jour où elle mourut ? Ah ! quand Dieu la lui reprit, c'était la moitié de sa vie qui s'en allait. Pourquoi fallut-il qu'il se vît enlever deux ans plus tard cette autre mère (1) dont l'assistance lui était devenue plus nécessaire que jamais ? Il concentrera désormais toutes ses affections sur le digne héritier de son nom, dont j'ai peut-être cruellement fait saigner le cœur, en rappelant ces lugubres souvenirs. Son fils était son espérance, sa gloire, son appui ; et pendant les derniers mois de cette existence trop vite arrivée à son terme, il ne vivait pour ainsi dire plus que par son fils et pour son fils.

Tel m'apparut, M. F., pendant les sept années que j'ai vécu près de lui, l'homme de bien que vous pleurez. J'aurais pu étendre mon cadre et développer ce portrait ; mais à quoi bon et que pourrais-je vous dire que vous ne sachiez mieux que moi ? Aussi bien les morts ont plus besoin de nos prières que de nos éloges.

Nous acquitterons donc notre dette de reconnaissance en priant pour celui que le pays a perdu et, je vous dois cette déclaration, M. F., nous pouvons prier avec

---

(1) Mme Veuve Colombier.

quelque confiance. Car Henry LEFEBVRE n'était point un incrédule, voyez-vous, encore moins un impie. Il avait hérité et conservé de sa famille l'estime et l'amour du prêtre et volontiers, en voyage ou ailleurs, il en faisait sa compagnie. Il était heureux de compter parmi ses ancêtres la sœur d'un curé de cette paroisse et il tenait à maintenir intacts, malgré tout, les liens qui avaient jadis uni le presbytère au Faÿ et que la tempête de 93 n'avait point elle-même brisés. Il aimait à venir entendre au pied de la chaire les instructions de son pasteur. Nul n'y apportait une plus grande simplicité, ni une attention mieux soutenue. Ce n'était point dans l'espoir malin de trouver matière à critique, mais bien pour s'instruire et s'édifier, acceptant simplement les leçons qu'il pouvait y rencontrer, et disposé à répondre à toute susceptibilité comme autrefois Louis XIV aux détracteurs de Bourdaloue : « *Le prédicateur a fait son devoir, c'est à nous, messieurs, de faire le nôtre.* » Loin d'attaquer la religion, il se constituait, à l'occasion, le défenseur des vérités qu'il regardait comme fondamentales. S'il ne fut point toujours assidu dans l'accomplissement des devoirs religieux qui s'imposent à tous, du moins ce ne fut ni haine, ni mépris de sa part, et il ne raillait aucun de ceux qui les accomplissaient avec zèle. Que dis-je? je l'ai surpris plus d'une fois enviant leur bonheur. Aussi dès que le mal qui devait le conduire au tombeau lui fit sentir ses premières atteintes, il dit à son fidèle serviteur qui était devenu le confident de ses pensées intimes : « Reste près de moi, et si tu voyais du danger, tu ferais appeler M. le curé. » Nous eûmes, M. F., la consolation de l'encourager dans les dernières épreuves du dernier combat. Le terme fatal n'était pas loin et l'illusion était devenue impossible. Nous l'exhortions à recourir à Dieu dans la prière, lui promettant de prier avec lui et nous lui offrions les secours de la religion divine qui guérit quelquefois, et qui toujours pardonne et console : « A demain matin, lui dis-je. — Avec plaisir, » me répondit-il. Ce fut sa dernière parole ; car une maladie insidieuse avait dès longtemps préparé à la mort une trop facile et trop prompte victoire. Pourtant nous eûmes le temps de l'absoudre et de lui donner l'onction-sainte. Ah ! puisse sa bonne volonté, puissent ses pieux désirs peser dans la balance de la Divine Justice !

Puissent nos prières empressées et ferventes faire devant Dieu une juste compensation de ce qui aurait pu manquer d'autre part.

Seigneur-Jésus, par votre sang versé autrefois sur le Calvaire et tout à l'heure encore sur l'autel, par les mérites de la Vierge Marie et de tous les saints qui jouissent de votre gloire, c'est l'amitié, c'est la reconnaissance qui vous en conjurent, recevez favorablement nos supplications et faites que celui que nous pleurons passe de la mort à la vie bienheureuse. AINSI-SOIT-IL.

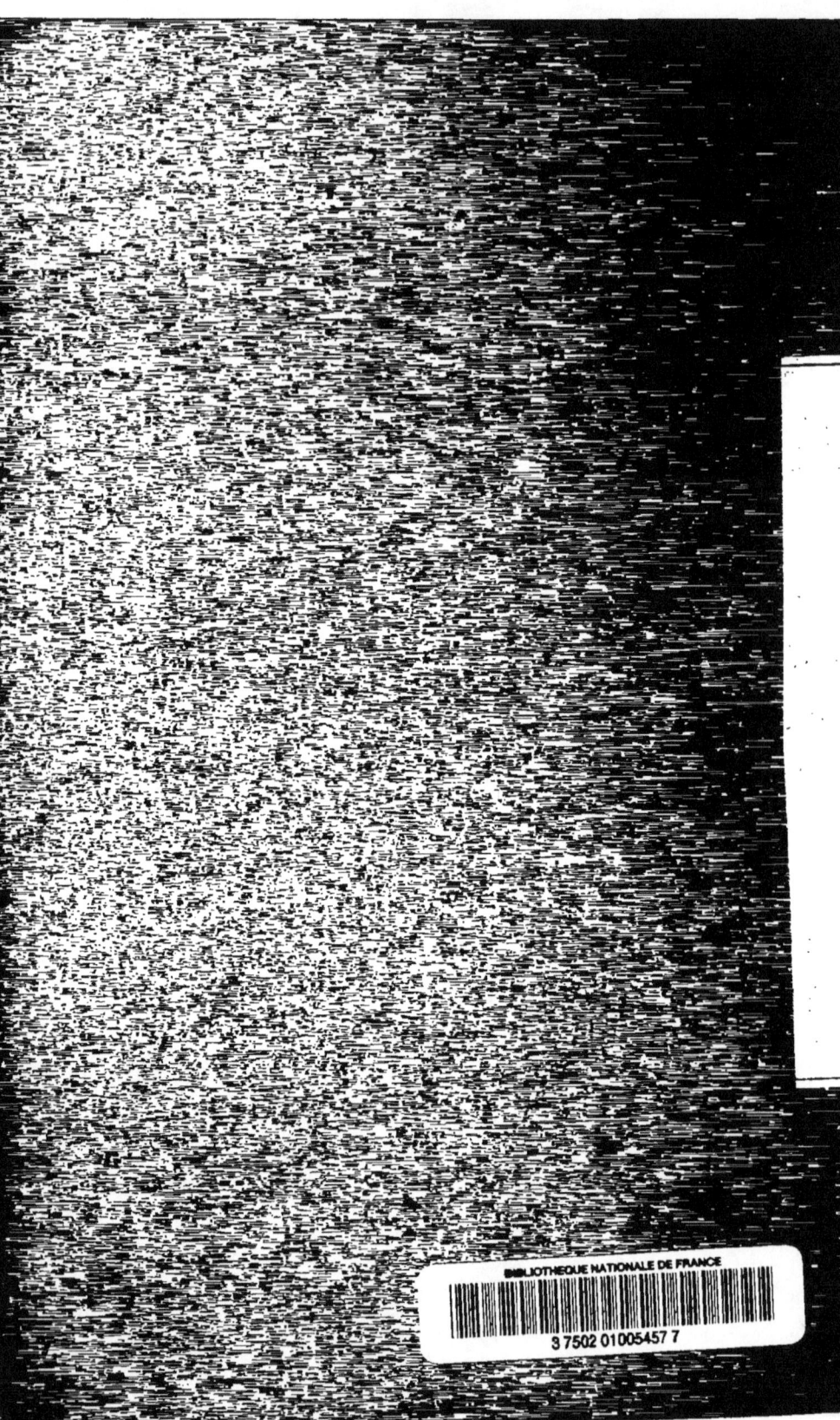

www.ingramcontent.com/pod-product-compliance
Lightning Source LLC
Chambersburg PA
CBHW070536050426
42451CB00013B/3034